AF229945

ASSISTANCE. — TRAVAIL.

ASSISTANCE. — TRAVAIL.

Le préambule de la Constitution porte :

« La République doit, par une assistance fraternelle, assurer
» l'existence des citoyens nécessiteux, *soit en leur procurant du*
» *travail* dans les limites de ses ressources, soit en donnant, à
» défaut de la famille, des secours à ceux qui sont hors d'état de
» travailler. »

On *procure* du travail en le commandant ou en dirigeant le travailleur dans ses recherches.

Parlons d'abord du moyen indirect, c'est-à-dire d'un système de renseignemens et de mesures administratives propres à faciliter le rapprochement de l'offre et de la demande de travail. Cette institution rencontrerait sans doute quelques difficultés dans l'incohérence de nos habitudes industrielles, dans le défaut de renseignemens généraux et de direction supérieure ; mais on devine les avantages qu'elle promet. Même dans l'état actuel de nos relations, le zèle des administrations charitables, aidées du concours des autres autorités, conduirait déjà à de très-heureux résultats.

Bureaux de travail.

Il existe à Paris des bureaux de placement de toute espèce, nous doutons qu'ils puissent servir de modèles. En Prusse, des essais plus sérieux paraissent avoir réussi. Le conseil municipal de Berlin a fondé, en 1847, sous le patronage et la direction de l'administration de la ville, des *bureaux de renseignemens* chargés de fournir aux classes ouvrières toutes les informations possibles sur le travail existant et les moyens de trouver une occupation rémunératrice dans les diverses branches d'industrie. Ces bureaux se posent les intermédiaires entre l'entrepreneur d'industrie qui a de l'ouvrage à faire exécuter et l'ouvrier, entre le chef de famille et le domestique qui cherche à louer ses services. La commune ne se constitue pas pourvoyeuse obligée du travail ; elle rapproche et met en rapport l'offre et la demande dans la limite de ce qui existe.

Des bureaux du même genre ont temporairement existé à Amsterdam en 1846. Quoiqu'ils fussent dûs exclusivement à l'initiative d'associations philanthropiques, et offrissent par conséquent moins

de sécurité que s'ils eussent été placés sous la direction de l'autorité, on assure qu'ils ont eu d'excellents effets.

Le but vers lequel il faut tendre, par l'exemple donné aux autres localités et à l'administration supérieure, c'est l'établissement dans tous les centres industriels de ces bureaux qui, reliés plus tard entre eux sous les auspices de l'Etat, seront de véritables bourses du travail.

L'administration Saint-Quentinoise doit tenir à honneur de poser un des premiers degrés de cette vaste échelle, et elle peut agir dans un cercle qui s'étendrait déjà assez loin.

L'organisation du bureau de bienfaisance serait complétée de manière à comporter un bureau de renseignemens où patrons et ouvriers pourraient trouver chaque jour un état exact du travail, d'abord dans la ville et dans son rayon communal. Il y aurait là un tableau entretenu et complété, tant par une enquête permanente que par des déclarations périodiques auxquelles personne ne se refuserait. Ce tableau contiendrait la nomenclature des manufacturiers, fabricants, chefs d'ateliers de toutes les industries ; les ouvriers de toutes professions, les industries en chômage et celles qui manquent de bras.

Un ouvrier étranger, arrivant avec l'espoir souvent déçu de trouver du travail, serait immédiatement conduit au bureau et renseigné certainement.

Le bureau, par l'intermédiaire de la sous-préfecture, pourrait correspondre avec toutes les communes de l'arrondissement. Il serait facilement satisfait à la demande de bras sur un point et pour un travail quelconques ; d'un autre côté, les ouvriers trop disposés à émigrer au hasard seraient prévenus par les autorités locales qu'en se dirigeant sur la ville sans aucune information, ils ne peuvent que grossir le nombre des indigents de la dernière classe, de celle qui n'a pas droit aux secours officiels.

Travaux de charité.

Nécessité d'un nouveau mode de travaux communaux ou cantonaux.

Donner directement le travail, c'est le second moyen. C'est celui-là véritablement que formule la Constitution, avec la restriction imposée par la prévision des difficultés à surmonter.

La Constitution de 1791 décidait :

« Qu'il serait créé et organisé un établissement général de secours » publics pour élever les enfans abandonnés, soulager les pauvres » infirmes et *fournir du travail aux pauvres qui n'auraient pu s'en » procurer.* »

Les bureaux de bienfaisance furent créés par la loi du 7 frimaire an V. Deux circulaires ministérielles ont posé les régles générales qu'ils doivent suivre : la première est de nivôse an X, et la seconde du 8 février 1823. Aux diverses obligations qu'elle énumère la circulaire de 1823 ajoute pour les bureaux de bienfaisance le devoir *de procurer, autant que les localités le permettront, du travail aux indigens valides.*

C'est là une préoccupation constante du législateur à toutes les époques. De nos jours, cette grande question du travail a pris des proportions nouvelles. En laissant au temps son influence nécessaire pour la maturité des idées viables, entre les formules menaçantes et les dénégations irréfléchies, au milieu des passions et des disputes de mots, il y a un principe simple et incontestable, sagement proclamé ou plutôt rappelé par la Constitution de 1848 : à savoir, que le travail est préférable à l'aumône. Il y a une obligation imposée sans violence à la société : c'est de chercher avec plus de zèle que jamais à faire vivre les citoyens valides par le travail. Accepter l'obligation dans ces termes est à la fois un devoir et une nécessité pour toutes les autorités appelées à diriger la charité publique.

Quant aux moyens, l'expérience nous avertit que les procédés habituels sont insuffisants et souvent vicieux. On ne songe guère à donner du travail que dans les momens de grande crise ; on s'efforce de combattre le chômage par le travail lorsque le chômage prend des proportions énormes, et alors on a recours à des expédients ruineux.

Quelles sont les conditions d'un bon travail ? Il y en a deux principales :

1o. Qu'il soit productif, et par conséquent économique dans la véritable acception du mot ;

2o. Que le salaire soit justement proportionné.

Dans l'état actuel des choses, on ne peut recourir au travail industriel qu'avec une grande circonspection pour féconder la charité. Certes, lorsqu'on voit des millions d'individus si mal logés et si mal vêtus, on comprend que la production industrielle est au-dessous des besoins et qu'un immense marché pourrait s'ouvrir au milieu de nous à l'activité des bras et des intelligences. Mais on ne tarde pas à reconnaître que l'antagonisme sans frein établit d'autres courants que ceux qui semblent indiqués par la logique et l'intérêt commun. Les magasins encombrés, les crises fréquentes occasionées par ce trop plein font illusion à bien des yeux et donnent quelque crédit à cette hérésie : *que la France produit trop.*

Toujours est-il qu'il faut compter avec les faits, en attendant les perfectionnemens possibles. Donc, jusqu'à présent, la charité sous forme de production manufacturière, de travail industriel, court risque d'ajouter à l'encombrement périodique, et par suite de contribuer à un chômage ultérieur.

N'exagérons pas, toutefois, des inconvénients qui peuvent être considérablement palliés par le mode et l'époque des travaux, par les précautions prises pour la vente, etc. La condamnation systématique et absolue du travail professionnel, à titre charitable, même dans l'état actuel des choses, ne serait pas plus sage que la prétention systématique et absolue d'organiser immédiatement la charité par le travail professionnel. Il est permis de croire que si, l'hiver dernier, on eût pu s'entendre pour faire marcher 3 à 4,000 métiers dans l'arrondissement de St.-Quentin, en les employant à la fabrication des articles de fondation, et sous la condition d'utiliser les filés de la ville, la liquidation se ferait sans perte pour personne, après une période de stagnation commencée bien avant février 1848. La charité se serait moins épuisée. L'ouvrier, bien que recevant un salaire momentanément réduit, aurait mieux vécu, consommé davantage, et alimenté d'autant la masse générale du travail.

D'un expédient admissible à un système général, il y a loin parfois. L'Angleterre l'a éprouvé, et elle se voit obligée, sans espoir de trouver des compensations dans la Constitution aristocratique de son agriculture, de reculer devant la concurrence faite à l'industrie par les travaux de charité. On *travaille* pourtant dans ses *worck houses*. En 1848, plus de 200,000 ouvriers inoccupés ont franchi le seuil de ces prisons soi-disant philanthropiques. Là, l'homme coupable de ne pas trouver à employer ses forces et d'avoir faim, est condamné à tourner la roue sans autre utilité que de ne pas se croiser les bras. Appeler cela un *travail* et se flatter de faire ainsi de la philanthropie, c'est abuser des mots.

En France, quand les bureaux de bienfaisance sont débordés, les terrassemens sont la ressource suprême pour donner du travail aux ouvriers délaissés par l'industrie. Nous subissons alors la loi de la nécessité, sans nous dissimuler ce que l'expédient a de précaire et de fâcheux sous plusieurs rapports.

Il est rare, d'abord, que ce genre de travaux puisse être bien organisé. Tout en tenant compte des avantages offerts à l'agriculture par la construction anticipée des chemins de grande et de petite vicinalité, on peut dire que l'effet utile est hors de proportion avec la dépense. On épuise en peu de temps les travaux à faire en vingt ans et les ressources destinées à des améliorations qu'il faut ajourner indéfiniment. Viennent plusieurs crises successives, que reste-t-il! Rien que l'aumône, toujours quatre ou cinq fois moindre que le salaire quotidien le plus restreint, c'est-à-dire l'extrême misère et les désordres qu'elle engendre.

Tout le monde sent cela; aussi les avertissemens arrivent-ils au pouvoir de tous côtés. On demande de grands travaux, de vastes entreprises de colonisation, le développement de l'agriculture, l'exploitation des terres incultes, etc. Entre ces idées excellentes, il y a, selon nous, une distinction à faire pour bien préciser, non pas l'immense question du travail dans sa généralité, mais la question secondaire de l'assistance par le travail, la seule qui puisse nous occuper ici.

Faire refluer vers les champs le trop plein des populations urbaines, créer de nouveaux propriétaires par la mise en culture des terres vagues, ce sera certainement diminuer les inconvénients de la concurrence industrielle. Le salaire tendra moins à s'avilir. Mais nous ne voyons que trop avec quelle lenteur les idées progressives les mieux acceptées font leur chemin sur le terrain de la pratique. Supposons réalisée une partie des améliorations d'ensemble dont nous venons de parler. Le chômage ne sera pas complétement détruit. Le grand problème devant lequel pâlissent les hommes d'étude de toutes les opinions politiques ne sera pas résolu. L'action de la charité sociale ne devra pas cesser, et nous serons encore, avec moins d'urgence sans doute, dans l'alternative de faire l'aumône purement et simplement, ou de trouver un travail passager pour les bras délaissés momentanément par l'industrie et pour les malheureux peu valides qu'elle repousse.

Les canaux, les chemins de fer, les routes, construits ou concédés par l'Etat, occuperont pendant quelques années un grand nombre de bras, à grand renfort de capitaux détournés des autres sources de la production, mais ils ne peuvent être entrepris que sur certains points ; les ouvriers éloignés seront obligés de se déplacer pour long-temps, et par conséquent de perdre de vue leur industrie spéciale. En un mot, ce débouché convient aux ouvriers tout-à-fait déclassés, devenus forcément manouvriers, terrassiers, après avoir été fileurs, tisseurs, maçons, menuisiers, etc. Cette catégorie banale de travailleurs s'accroît de jour en jour, et s'accroîtra proportionnellement aux progrès des sciences mécanique, physique et chimique.

Les communes n'ont guère d'autres travaux à exécuter que ceux des chemins. L'impulsion donnée depuis quinze ans, les énormes sacrifices faits partout en 1846, 1847, 1848, ont considérablement avancé la somme des constructions projetées et créé déjà un entretien très-dispendieux. Le contingent local ne peut donc être qu'exceptionnel.

Ainsi, en dehors des travaux à entreprendre sur différens points du territoire, il est nécessaire de créer, sur le sol communal ou cantonal, à titre d'assistance, un système de travaux permanents autant que possible, et directement productifs. Le chômage local doit être combattu par l'assistance et par le travail dans le rayon de la localité.

Travail local. — Projet d'Ateliers agricoles.

Différentes mesures pourront être proposées. Il ne faut pas désespérer de voir utiliser parfois certaines branches de la production manufacturière. Quant à présent, le travail agricole nous paraît offrir la solution la plus sûre et la meilleure sous tous les rapports.

Rapprocher l'atelier industriel de l'atelier agricole ; faire en sorte que l'ouvrier se retrempe en alternant avec le travail en plein air des occupations aujourd'hui si monotones et souvent si malsaines, c'est le but vers lequel tendent tous les systèmes sérieux d'organisation. Diriger l'assistance dans cette voie, c'est assurément la mettre sur le bon chemin.

Les moyens seront plus ou moins faciles selon les localités. Prenons Saint-Quentin pour type.

Le bureau de bienfaisance peut avoir à sa disposition une certaine quantité de terre dans le voisinage presqu'immédiat de la ville.

Il s'adjoindrait une commission composée de citoyens zélés et compétens en matière de culture. Cette commission choisirait les élémens d'exploitation les plus avantageux suivant les circonstances. Le but principal étant de procurer du travail, elle donnerait la préférence aux plantes et aux méthodes les plus propres à multiplier la main-d'œuvre.

Les ouvriers qui demanderaient à être occupés ne seraient pas désignés par cette commission. Ils devraient se présenter au bureau de travail, que nous supposons organisé simultanément, et où la position, les besoins, les conditions de séjour seraient examinés.

Lorsque, par hasard, l'offre du travail se trouverait insuffisante, l'œuvre de la commission serait réduite à sa plus simple expression sans que l'exploitation souffrît ; car il serait toujours facile, le moment venu, de faire exécuter, par voie d'adjudication ou autrement, telle partie de la culture que ce fût. Il est malheureusement plus probable que les bras ne feront pas défaut. En effet, il s'agit d'assister par le travail, non-seulement les ouvriers d'état ou de fabrique dont l'atelier chôme, mais encore une catégorie assez nombreuse d'ouvriers peu valides, de femmes habituées aux labeurs les plus rudes, de vieillards non encore dépourvus de toute vigueur.

Dans cette hypothèse, la journée entière, la journée normale serait d'abord évaluée à un taux inférieur à celui du salaire courant. Par exemple : si le salaire d'un bêcheur est de 1 franc 50 centimes, le bureau de bienfaisance paierait 1 fr. 25, 1 fr. 30 ou 1 fr. 35, en tenant compte de la distance. N'oublions pas que nous nous occupons de charité, c'est-à-dire de palliatifs, et non du salaire en thèse générale. Or, quant à présent, et sous peine de retirer d'une main ce qu'on donnerait de l'autre à la classe laborieuse, il importe que les ateliers de charité ne fassent pas concurrence à l'industrie. Retranchés ici dans la sphère de l'assistance, nous voulons simplement essayer de féconder et de moraliser l'aumône par le travail, sans préjudice pour personne ; petit problême bien digne déjà d'occuper l'attention des philanthropes.

De plus, la journée entière, que nous évaluons à 1 fr. 30 c., serait réduite à une somme de travail (à la tâche) proportionnelle à 1 fr. Ainsi, au lieu de travailler 10 heures pour gagner 1 fr. 30 c., on travaillerait de 7 à 8 heures pour gagner 1 fr.

Cette combinaison a pour objet : d'abord de laisser au travail charitable la valeur d'un secours sans lui donner même l'apparence d'une concurrence fâcheuse, et puis de multiplier les journées pour secourir un plus grand nombre de nécessiteux.

Dans ces conditions, les travaux de culture n'auraient rien de pénible pour aucune classe d'ouvriers. Quelle que fût leur profession, on les verrait se saisir avec empressement du hoyau et s'en aller joyeusement, à peu de distance de leur domicile, gagner sans grande fatigue un subside modique, il est vrai, mais dix fois préférable à l'aumône, pécuniairement et moralement.

Le travail agricole a ses spécialités, sans doute; mais il n'en est pas, au demeurant, qui soit plus à la portée de chacun. L'expérience nous a appris que presque tous nos ouvriers connaissent la terre. Sur plus de 300 qui, depuis 1847, ont occupé gratuitement les terrains vagues concédés par la ville ou par des particuliers, on n'en compte peut-être pas dix qui n'aient cultivé leurs lots avec intelligence et profit. Le défaut d'habitude ferait place bien vite à une capacité relative très-suffisante, et d'ailleurs l'apprentissage serait encore un bienfait ajouté au secours.

Nous entrerons plus avant dans les détails du projet, en examinant la série des objections prévues.

Examen détaillé du projet.—Réponse aux objections.

1º. *Le bureau de bienfaisance sortirait de sa spécialité. Il se créerait de grands embarras.*

Réponse. Le texte des lois organiques, la lettre des circulaires ministérielles, même sous la monarchie, prouvent, nous l'avons dit, qu'à toutes les époques on a cherché à mettre le travail à la place de l'aumône et à étendre les attributions des bureaux de bienfaisance. C'est aujourd'hui surtout que l'assistance publique doit prendre de grands développemens, qu'elle doit devenir le premier et le plus essentiel des services administratifs. Dès maintenant les bureaux de bienfaisance peuvent être constitués de manière à ne pas reposer seulement sur le bon-vouloir d'un très-petit nombre d'administrateurs et d'auxiliaires. Sans rien ôter à l'autorité directrice, il faut organiser contre la misère un puissant concours d'efforts et de dévouemens. Tout moyen nouveau qui ne sera critiqué qu'en raison de sa nouveauté et du zèle qu'il exige peut être réputé bon.

2º. *Les terres exploitées comme il vient d'être dit sont déjà cultivées. Elles font vivre aujourd'hui des ouvriers entre les mains de propriétaires ou de fermiers. Le travail ne sera donc que déplacé au profit des uns et au préjudice des autres. Qu'aura-t-on gagné en définitive?*

Rép. Nous pourrions, à un point de vue simpliste et égoïste, nous autoriser de l'expérience du passé et des faits les mieux encouragés au nom de la charité. Lorsqu'on vote des lois pour surexciter certaines industries; lorsqu'on pousse, par l'appât des primes, les entrepreneurs et les propriétaires à bâtir au-delà des besoins, on sacrifie l'avenir au présent, on donne aux affamés d'aujourd'hui les travaux de plusieurs années; on recule la difficulté sans la résoudre. Il en est de même des chemins; les travaux de terrassement ont leurs ouvriers spéciaux dont on coupe le blé en herbe dans les ateliers de charité. Ce n'est pas là ce que nous voulons.

L'agriculture est une mine toute neuve encore où l'on est sûr de trouver, lorsqu'on saura le vouloir, des ressources infinies. En admettant que notre système, appliqué dans le voisinage des localités industrielles, fasse passer 50,000 hectares sous l'administration des *bureaux de travail*, qu'est-ce que cela, en comparaison des communaux négligés, des marais à dessécher, des terres en friche à féconder, de la masse productive à livrer aux mains de la population spécialement agricole ? Les compensations ne manqueraient donc pas.

Mais il y a mieux. Les mesures seront prises pour accroître la somme de main-d'œuvre. Ce que ne fait pas le cultivateur, nous le ferons : nous substituerons, la plupart du temps, la bêche à la charrue ; nous cultiverons de préférence tout ce qui multiplie les façons ; nous n'épargnerons pas les sarclages, les repicages, etc., et en poursuivant le but principal, l'assistance par le travail, nous donnerons un exemple qui pourra profiter à la production générale. Il est certain que la main-d'œuvre peut être ainsi augmentée de moitié. On pourra toujours s'épargner l'engrangement et l'emmagasinage des produits, en vendant sur pied ; mais on ne craindra pas de se donner ces *embarras*, parce que là encore il y a des bras à occuper avec discernement. Sans entrer dans les menus détails d'un compte de revient complet, nous pouvons évaluer approximativement la quantité de travail que nous fournirait l'exploitation de 33 à 34 hectares (100 setiers).

Les dépenses, en dehors du salaire, se composeraient :

1º. De la location des terres, à 45 fr. le setier,
pour cent. . . . . 4 500 fr. „

2º. Fumure (à 100 fr. l'hect., acquisition et transport), par an. . . . . 3,000 „

3º. Contributions. . . . . 300 „

4º. Location de granges et magasins. . . . . . 400 „

5º. Entretien de brouettes, louchets, sacs, etc. . 200 „

6º. Location de voitures et chevaux pour le transport des récoltes. . . . . 400 „

Total. . . . . 8,800 „

Produit.

Eu égard à la multiplicité des façons, à la fumure telle que nous la comptons, à la qualité des terres que nous supposons louées 135 fr. l'hectare, nous croyons rester en deçà des probabilités en prenant, ainsi qu'il suit, la moyenne entre une récolte en blé et une récolte en pommes de terre :

7 hectolitres de blé, semence déduite, à 17 fr.,
soit pour 100 setiers. . . . . 11,900 „

Paille à 250 par setier et à 10 fr. le 100. . . . . 2,500 „

14,400 „

60 hectolitres net de pommes de terre par setier,
à 4 fr..   24,000   «

	38,400	„
Moyenne (moitié). .	19,200	„

La moyenne est donc de..   19,200   „
La dépense étant de..   8,800   „

La somme restant pour salaire et bénéfice est de.   10,400   „

La main-d'œuvre peut être évaluée à 200 fr. par
hect., avec défoncement total et sarclages répétés,
soit pour 100 setiers.. . . . .   6,666 fr. 66 c.
Bénéfice   3,733   34

Somme égale..   10,400   „

Ainsi, dans des conditions qui peuvent être améliorées, nous
aurions environ 6,700 journées de travail réduites à 1 fr., pour 100
setiers ; 6,700 journées à distribuer, suivant les cultures, à presque
toutes les époques de l'année.

Nous estimons qu'à St.-Quentin l'exploitation pourrait être portée facilement à 200 setiers, ce qui fournirait annuellement 13,400
petites journées de travail. N'est-ce pas là le meilleur débouché
local pour la mendicité ?

Le *bénéfice pécuniaire* du bureau de bienfaisance, indépendam-
ment des autres profits moraux et économiques, serait de 7,500 fr.
environ, soit 7,000 fr., déduction faite de quelques frais non compris
dans le salaire.

Les 50,000 hect. que nous supposons occupés par les bureaux
de travail donneraient sur ce pied dix millions 50,000 journées. En
évaluant à moitié l'accroissement de main-d'œuvre obtenu par notre
système, la somme générale du travail serait augmentée de plus de
5,000,000 de journées. Les revenus annuels des établissemens charitables seraient en outre grossis de 4 millions 500,000 fr., sans
compter les secours économisés par la substitution du travail à l'aumône.

3º. *N'y a-t-il pas à craindre que les pauvres ne soient attirés
et retenus dans la localité par cet appât d'un travail périodique ?*

Rép. Cette objection admise, aucune mesure nouvelle, rien de
ce que commandent impérieusement les circonstances n'est possible.
Faut-il fermer les écoles, les salles d'asile, les hospices ? Faut-il
réduire l'assistance à sa plus simple, à sa plus sèche expression, de
peur d'attirer la misère ?

D'ailleurs, on ne recevra pas les premiers venus ; le bureau de
travail pèsera les conditions et fera son choix. Et puis, de deux
choses l'une : ou le projet est illusoire et n'aura qu'une durée éphé-
mère ; ou bien l'idée est bonne et se propagera dans tous les centres
où sévit le paupérisme.

4º. *Pourquoi ne pas continuer le système plus facile des distributions gratuites de terre à des familles d'ouvriers ?*

Rép. Nous avons autant que personne poussé à l'adoption et à l'organisation de ce système, commencé par le conseil municipal et maintenant continué par le bureau de bienfaisance qui n'a pas reculé devant l'*embarras* d'un mode d'assistance nouveau et excellent. Nous savons ce qu'il y a là de ressources alimentaires et d'influences morales pour 267 familles dont la plupart sont parvenues, a force de labeur et par l'attrait puissant de la possession , à créer de véritables jardins potagers dans des terrains pierreux et stériles de temps immémorial.

Nous pensons qu'on pourrait rendre de grands services aux ouvriers des faubourgs qui , aujourd'hui, paient 240 fr. l'hectare et plus des lots sous-loués en détail, tandis que le locataire les obtient à 90 fr. La ville ou plutôt le bureau de bienfaisance pourrait se constituer principal locataire, et, sans bourse délier , procurer des lots de terre à un certain nombre d'ouvriers moyennant un prix de location relativement très-réduit.

Ces divers moyens s'enchaînent et ne s'excluent pas. Il faut distinguer entre les secours permanents , plus ou moins immobilisés , et les secours passagers. Le but que nous poursuivons ici , c'est principalement de combattre le chômage et la mendicité par un système de travail mobile , élastique en quelque sorte.

5º. *S'efforcer de substituer la bêche à la charrue , n'est-ce pas rétrograder et agir contrairement aux saines notions d'économie ?*

Rép. Si la science nous dit que les machines sont un élément providentiel d'émancipation et de progrès social, la charité fait ce qu'elle peut dans un milieu incohérent où l'application des machines est fort mal réglée. Les expédients de la charité ne seraient pas strictement conformes à la théorie économique, qu'ils n'en seraient pas moins bons et légitimes , du moment que le soulagement est réel.

Mais, dans l'espèce, les principes économiques ne sont pas méconnus. La bêche n'est pas seulement l'instrument nécessaire du jardinage ; même pour les travaux agricoles en grande échelle, on peut croire à la supériorité de la bêche comme *machine*. Si les produits de la terre mieux remuée compensent et au-delà l'excédant de salaire, n'y a-t-il pas à la fois avantage pour le travailleur et au point de vue de la richesse publique, aussi long-temps du moins que la répartition générale du travail forcera les uns à l'oisiveté en accablant les autres. Dans le nord, les terres reçoivent beaucoup de façons , fournissent beaucoup de salaire. L'ouvrier, le cultivateur et le pays tout entier en profitent.

6º. *On ne trouvera pas facilement des terres libres.*

Rép. Il suffirait que l'utilité fût bien sentie pour arriver promptement au but, par voie de location, d'échange ou autrement. Nous nous préoccupons surtout, quant à présent, de l'application communale, dans le voisinage des villes.

Les hospices et les bureaux de bienfaisance ont en bien-fonds une masse de propriétés dont une partie déjà pourrait être livrée aux bureaux de travail. Chaque jour aussi de grandes exploitations sont fractionnées, des marchés importants sont offerts.

Les baux des hospices civils de Saint-Quentin contiennent une clause qui permet de reprendre les terres en payant au locataire, jusqu'à la fin du bail, une indemnité équivalente au tiers du fermage. Tout en usant modérément de cette faculté, et en respectant les droits acquis dans une juste mesure, on trouverait facilement, à une faible distance de la ville, de 100 à 200 setiers disponibles à différents titres (1).

7º. *Qui fournira le fonds de roulement ?*

Rép. La commune à défaut du bureau de bienfaisance, et les citoyens à défaut de la commune.

En 1847, une souscription volontaire ouverte à St.-Quentin, comme dans beaucoup d'autres localités, pour faire des achats de blé, a produit plus de 300,000 francs. La perte a été de 15 0/0. Il n'y avait pas de souscripteur qui ne fût résigné d'avance à perdre au moins 25 0/0 en concourant à cette œuvre philanthropique.

Tous les ans, des quêtes faites par le bureau de bienfaisance produisent 8 à 10,000 francs. On s'impose partout de grands sacrifices sans se dissimuler que tout cela se perd dans un gouffre sans fond. Peut-on douter un seul instant qu'une fois la mesure que nous indiquons jugée bonne et pratique, la charité officielle trouvera facilement l'*avance* de quelques milliers de francs nécessaires pour commencer.

8º. *A l'époque de la moisson, les bras manquent souvent à la campagne. Rien n'empêche les ouvriers inoccupés des villes de chercher du travail dans les champs.*

Rép. On voit des ouvriers quitter la ville au moment de la moisson ; mais il en est beaucoup qui ne le peuvent pas. Ou bien ils ont l'espoir de retrouver leur travail spécial après quelques jours de chômage ; ou bien ils ne sont pas en position d'abandonner leur famille pour quinze jours ou un mois. Qu'on songe, d'ailleurs, à la catégorie des *demi-valides*, hommes et femmes, adultes et vieillards.

Le manque de bras à la campagne serait encore un argument en faveur de notre système. En effet, une certaine quantité de terre étant exploitée par des ouvriers de fabrique ou par des indigents aujourd'hui inoccupés, l'agriculture aurait un plus grand nombre de travailleurs à sa disposition. Mais ce manque de bras n'est que momentané ; il ne se manifeste qu'au moment de la moisson ordinaire qui dure peu de temps, faute de variété dans la culture. L'ex-

---

(1) Les hospices donnent en location à 25 et 30 fr. le setier. L'indemnité du tiers pour les terres qui ne sont pas libres ne ferait monter le loyer qu'à 40 fr. Nous avons compté 45 en moyenne, pour toutes les terres provenant des hospices ou des particuliers.

tention du paupérisme prouve qu'il en est de ce prétendu défaut de
bras comme de la prétendue surabondance de la production. Il est
évident qu'il faut créer du travail ; mais il faut aussi savoir le répartir.

Notre but, on l'a vu, est de contribuer par l'assistance à marier
l'agriculture à l'industrie, à faire entrer la culture dans les habitudes des ouvriers de fabrique, et cela sans leur demander l'impos-
sible, c'est-à-dire sans leur imposer des émigrations ou des absences
préjudiciables, tout à la fois, à leur spécialité, aux intérêts de la
famille et à l'industrie.

La charité vit de palliatifs. Ce n'est pas à elle qu'il faut demander
la solution des grands problèmes d'organisation. Elle peut, cepen-
dant, puiser une force nouvelle et s'allier étroitement à l'économie
sociale dans l'application sérieuse des principes démocratiques.
Substituer autant que possible le travail aux maigres et tristes ressources de l'aumône, tel doit être le but constant des hommes qui
comprennent la véritable charité.

Nous croyons sincèrement que la création d'ateliers agricoles,
dirigés, comme nous venons de le dire, par des bureaux de travail
abjoints aux bureaux de bienfaisance, serait un progrès réel dans la
voie tracée par la Constitution.

Appendice.

Nous allons invoquer l'autorité d'un homme très-compétent, de
M. de Rainneville, fondateur du *Petit Mettray*. Nous avons sous
les yeux une notice dans laquelle l'extinction de la mendicité est
traitée au point de vue pratique de manière à attirer sérieusement
l'attention des comités de bienfaisance et des citoyens de bonne
volonté. Laissant aux villes le soin d'utiliser leurs ressources finan-
cières, le zèle et l'intelligence de leurs associations charitables, M.
de Rainneville s'occupe uniquement des campagnes. Nous reprodui-
sons la plus grande partie de cette courte notice :

«Le premier moyen à employer pour prévenir la mendicité et pour
légitimer sa répression, même la plus sévère, c'est d'ouvrir des sources
de travail où les pauvres soient assurés d'en trouver un dont le salaire
les fasse vivre.

» En appliquant des bras à une culture raisonnée d'une portion de
nos terres, le capital employé ne sera pas improductif, il rentrera dans
l'année avec bénéfice.

» Nous avons fait une multitude d'expériences de ce genre et nous
croyons pouvoir affirmer que si l'on dépense 200 fr. en travaux à bras
sur un hectare de terre de première et de deuxième classe, on peut at-
teindre un produit de 500 fr., défalcation faite de la rente, de l'impôt,
de la semence et de l'engrais. Une aussi forte dépense sur un hectare de
terrain se compose de la préparation du sol par défoncement, de la plan-
tation et des binages.

» Les travaux de défoncement s'exécutent du 1er octobre au 1er avril.
Ils n'exigent qu'un bien court apprentissage ; un peu de surveillance suffit
pour empêcher la fraude. Il est facile de constater la tromperie dans le

degré de profondeur du terrain défoncé, et de la punir par une retenue sur le salaire. Ce travail se paie à prix de façon. En payant l'hectare de terre, sans pierres dans le sous-sol, à raison de 125 à 150 fr. l'hectare, les ouvriers gagnent une journée ordinaire.

» Il faut répondre ici à une objection. *Les mendiants sont faibles et maladroits.* Dans les commencements ils auront peine à gagner une petite journée en travaillant à la tâche ; ne nous laissons pas impressionner par cette difficulté, nous en avons triomphé sans tribunaux ni gendarmes, on en triomphera comme nous, si on le veut avec énergie ; il faudra leur faire le don d'un outil, car ils se présenteraient avec une mauvaise bêche et on ne gagne que peu avec un instrument usé ou déformé. On pourra en reprendre le prix par la suite par une retenue fort minime sur les gains hebdomadaires.

» Il arrive souvent que les ouvriers manquent dans une commune pour exécuter ces utiles travaux de défoncement et de binages qui doublent les produits du sol, tandis qu'il y en a sans ouvrage dans une commune voisine. Il nous est souvent arrivé d'en fournir à des ouvriers étrangers à notre localité, parce que les nôtres n'y suffisaient pas. Si on faisait par prudence, par esprit d'ordre et de charité. ce que l'on fait, en bien des cas, par spéculation, cinq à six communes d'un canton pourraient s'entendre avec le secours et sous la direction du sous-préfet pour répartir entre elles quelques-uns des pauvres capables de travailler que la commune désignée serait hors d'état d'entretenir.

» Si l'on est bien convaincu que l'argent dépensé en travaux de défoncement et en binages sur des semailles en lignes, rentre dans l'année avec 50 % de profit, on serait hardi dans ces opérations et la mendicité n'aurait plus de prétexte.

Lorsqu'une commission aura organisé un groupe de travailleurs, qu'elle aura fixé le salaire à la tâche ; lorsqu'après quelques mois d'apprentissage, elle aura ainsi formé aux travaux de terrassements ces hommes que le pays est contraint de nourrir à rien faire, il arrivera que beaucoup de propriétaires et de cultivateurs s'empresseront de réclamer les bras dont elle dispose ; les uns pour pratiquer des défoncemens, défricher de vieilles prairies naturelles ou artificielles, ouvrir des fossés, etc. ; les autres pour biner et sarcler les récoltes de légumes, de plantes oléagineuses et de céréales ; et lorsque ces ouvriers habitués au travail trouveront les salaires trop peu élevés, ils iront offrir leurs bras aux entrepreneurs des chemins de fer, et ils prendront la place des belges dans ces travaux intérieurs.

» Nous le répéterons jusques à satiété, c'est du développement de la culture jardinière sur une grande échelle, que dépend la prospérité de notre agriculture et le salut de nos populations pauvres: c'est le seul moyen d'arriver à la reforme de la mendicité et d'arrêter les progrès du paupérisme dans les cantons manufacturiers.

» La culture jardinière, telle que nous la pratiquons, n'exclut point le concours de la charrue, elle appelle à son aide les charrues à sarcler, à butter, les herses et rouleaux, les semoirs mécaniques. Elle est l'application de ces deux principes qui opèrent partout la plus heureuse révolution dans l'agriculture des pays chargés comme le nôtre d'une nombreuse population ; 1°. *Exécuter à bras d'homme ce que la charrue ne peut faire que moins parfaitement; 2°. exécuter avec des charrues ce que les hommes ne peuvent faire aussi vîte ni aussi bien.*

Nous avons démontré par une assez longue expérience : 1°. que les défoncements partiels, tels que celui d'une raie sur quatre ou sur cinq sont

la meilleure de toutes les préparations pour toutes les semailles de prin-
temps ; 2". que ce travail ne coûte que 25 fr. de main-d'œuvre par hectare et qu'il économise plus de moitié des frais de labours ordinaires ;
5". Que les semailles en lignes des céréales créent un travail de prin-
temps et d'été très-facile, pour les binages et sarclages qui ne s'élèvent
pas à plus de 20 fr. par hectare, assurent un accroissement de récolte
d'un quart ; 4°. que le défoncement total qui revient dans les terrains
sans pierres, de 125 à 150 fr. par hectare, donne toujours des récoltes
supérieures d'un tiers à celles que rend la culture ordinaire avec économie entière des labours et des deux-tiers sur les binages.

» Telles sont les sources d'un travail nouveau que présente la culture
jardinière en grand. C'est au nom de l'humanité que nous invitons tous
les cultivateurs à entrer dans cette voie. Nous changerions la face de notre
pays si nous adoptions avec un peu de hardiesse ces moyens si simples
et si sûrs d'amélioration : nous aurions partout un travail facile, productif, qui ne déplacerait pas notre population, qui la rendrait capable
de passer subitement du travail de la terre à celui de l'industrie ; or, tous
les économistes sont d'accord sur ce point : le sort à venir de l'industrie
manufacturière dépend de son étroite alliance avec le travail agricole.

» Combien de considérations militent en faveur du plan que nous pro-
posons et que nous mettons en pratique, pour l'instruction de tous ceux
qui désireraient contribuer ainsi à secourir les pauvres et à détruire la
mendicité.

Cinquante arpens (20 hectares) par commune, produiraient un fonds
de travail dn 2,500 francs et serviraient à donner un travail d'hiver à
20 ouvriers.

» Ce travail s'ouvrirait après celui des moissons, au 1ᵉʳ octobre et con-
tinuerait jusqu'au 1ᵉʳ mai.

» L'expérience de 40 années nous a prouvé que sur de tels défoncements on peut tirer deux récoltes successives, la première en légumes
racines, la seconde en céréales sans engrais ; la céréale est semée sur
un léger labour d'extirpateur, on peut semer une prairie artificielle dans
le blé, l'orge ou l'avoine, avant le binage, au mois de mai, surtout si
les semailles sont en lignes assez fortement espacées ; dans cette puis-
sante culture la réussite de trois récoltes est à peu près certaine.

« Un jour viendra où 100 hectares par commune seront soumis aux
procédés que nous pratiquons et que nous voyons peu à peu s'introduire
dans un assez grand nombre d'exploitations. Avec un mode de culture
aussi améliorant, s'ouvriront de nouvelles sources de travail d'une utilité incontestable et d'une extrême facilité d'exécution.

» Ces travaux que des femmes, des enfants, des vieillards et des estro-
piés supportent sans grandes fatigues, produiront un mouvement de capitaux circulants de 20,000 fr. par commune. Nous ne craignons pas d'affirmer hardiment qu'ils donneront un bénéfice moyen et régulier, sauf
quelques rares sinistres, de 10,000 fr.

» C'est ouvrir une source de véritable richesse, capable d'absorber et
d'éteindre le paupérisme.

» Nous mettons notre colonie du petit Mettray à la disposition de tous
ceux qui voudront coopérer à la plus patriotique de toutes les œuvres ;
tous les procédés que nous conseillons y sont pratiqués, rien n'est hasardé
dans nos conseils. Plusieurs personnes animées de l'amour du bien, y
sont venues apprendre, en quelques heures, ce qu'elles exécutent maintenant aussi bien que nous ; on y trouvera toujours des hommes et des
ustensiles pour démontrer par les faits ce que la théorie a peine à établir
clairement.

» Si bon nombre d'amis de l'agriculture et surtout d'amis des pauvres, en expriment le désir, nous prendrons l'initiative et nous essaierons d'unir par un lien commun de bienveillant concours, sur les divers points du territoire français, et spécialement dans la région du Nord, où les besoins sont les plus pressants, où le vagabondage exercent une trop maligne influence, ceux qui voudraient faire servir l'agriculture à prévenir le mal social dont les ravages s'étendent si rapidement et qu'il est plus que temps d'arrêter. »

Pourquoi ces conseils, dictés par l'expérience et par l'amour du bien public, ne sont-ils pas généralement suivis? C'est qu'à la campagne on vit dans l'isolement. Les hommes d'intelligence et de bon vouloir ne sont pas en position de stimuler l'indifférence et de provoquer un puissant concours d'efforts pour les œuvres d'intérêt commun. Il faudrait l'action supérieure d'une autorité centrale. Nous ne savons trop ce qu'on peut attendre des conseils cantonnaux promis par la Constitution; dans tous les cas, les comités de bienfaisance institués en 1849 pourraient rendre de grands services sous la direction des sous-préfets. Une commission composée d'hommes bien convaincus de l'efficacité du système parviendrait bientôt à l'appliquer dans un canton, au moyen d'arrangemens avec les cultivateurs ou par voie de régie. Le bénéfice est certain; lors même que les dépenses seraient simplement couvertes, on aurait toujours atteint ce résultat éminemment moral et économique, de donner en travail trois ou quatre fois plus que ne peut donner la charité fatiguée, tiraillée et réduite aux abois.

Pour notre part, nous avons surtout envisagé la question au point de vue de l'assistance dans les grandes localités. Nous en avons fait une question de secours direct combiné avec les nécessités actuelles de l'industrie, en attendant que la propagation des méthodes les plus productives viennent profiter naturellement au travail et améliorer les élémens du salaire. Dans les villes comme dans les campagnes, par des procédés différens, c'est dans cette voie qu'il faut chercher des ressources pour la charité et des armes légitimes contre la mendicité. Sans assistance efficace, c'est-à-dire sans travail, la répression est souvent une iniquité et ce n'est jamais un remède.

C. SOUPLET.

(*Extrait du* GUETTEUR).

St.-Quentin. — Imp. de COTTENEST.